I. b 44
1477

ÉLOGE

DE

NAPOLÉON,

SUIVI

DE LA MARSEILLAISE

En Vers Latins.

Par V. B. Mazoyer, du Puy en Velay,

PROFESSEUR, BACHELIER-ÈS-LETTRES.

———

Se vend au bénéfice des infortunés Polonais.

LYON.

IMPRIMERIE DE J. M. BOURSY,

RUE DE LA POULAILLERIE, N.º 19.

1831.

ÉLOGE

DE

NAPOLÉON,

LE HÉROS DES HÉROS.

———

Regna duces claros interdùm gignere pollent ;
Sed peperisse virum tantum (1) nunc œva quiescent.

Oui, les empires et royaumes peuvent produire de temps à autre d'excellens capitaines ; mais, pour un héros tel que Napoléon, les siècles ont long-temps à se reposer.

———

Honneur à Napoléon-le-Grand ! mille fois honneur à ce vainqueur de *Lodi*, d'*Arcole*, des *Pyramides* et de *Memphis* ! qui, après avoir cueilli les palmes du *Nil*, vit les lauriers de *Marengo*, d'*Austerlitz*, d'*Iéna*, de *Friedland*, etc., ombrager sa tête ! Gloire à ce fameux héros que tout bon Français porte dans son cœur, qui, après avoir été, de son vivant, la terreur de l'Europe entière, en fait maintenant son unique admiration, et qui, ce que personne ne voudra croire, a des adorateurs jusqu'au fond de l'Asie ! car, selon le

———

(1) Napoléon.

rapport de l'*Asiatic Journal*, et d'une foule de voyageurs anglais très-dignes de foi, plusieurs habitans des pays septentrionaux ont dans leur maison un portrait de cet homme célèbre, et, jetant à pleines mains, soir et matin, de l'encens au feu en son honneur, lui rendent leurs hommages, et lui adressent leurs vœux et leurs prières, comme à un envoyé de Dieu. Immortalité à cet illustre capitaine que les boulets et la mitraille respectèrent toujours dans les siéges, dans les combats, dans les batailles qu'il livra; à cet autre Mars que tous les guerriers de trois parties du monde ont vu s'exposer mille et mille fois au feu de l'ennemi, pour encourager ses soldats; à cet homme extraordinaire dont l'arbitre de l'univers s'est servi, comme d'un fléau, pour châtier l'Europe entière coupable; à ce héros incomparable qui laisse loin derrière lui tous les héros passés et présens, et qui, j'ose le dire, ne trouvera point de supérieur, ni peut-être d'égal à l'avenir, pour l'art des campemens, les marches savantes et rapides, la présence d'esprit, les coups-d'œil sûrs, la facilité à remporter la victoire au premier choc, lorsqu'il n'était pas trahi; pour les ruses de guerre, la réputation colossale, la discipline jointe au courage, la confiance et l'admiration qu'il savait inspirer à ses enfans (1); enfin, pour son grand zèle à vouloir rendre heureux son peuple (ce que je prouve dans mes Narrations de la vie de ce capitaine prodigieux); mais déshonneur, infamie à ces ingrats, à ces

____

(1) Napoléon appelait ainsi ses soldats.

traîtres qui, au moment de son abdication à Fontainebleau, mirent à sa portée des armes destructives! Voyant que c'était pour l'engager à les tourner contre lui-même, Napoléon dit avec un rire sardonique : « On se tue par amour, *sottise;* on se tue pour avoir perdu sa fortune, *lâcheté;* on se tue pour ne pas vivre déshonoré, *faiblesse:* mais survivre à la perte d'un grand empire, aux outrages de ses contemporains, voilà le vrai courage! » O héros des héros! que les capitaines de l'antiquité sont petits auprès de toi!

Honte encore à ces insensés, à ces ignorans, à ces faux jugemens qui l'ont traité de lâche, parce qu'après la bataille de *Waterloo*, où il ne put pas trouver une mort honorable qu'il chercha dans les rangs des ennemis, le désespoir ne lui fit pas arracher furtivement la vie. Philosophes d'un jour, sachez qu'il n'est rien de plus honteux que le suicide. C'est un vol fait à Dieu; c'est un vol fait au genre humain; il n'est pas de plus grand lâche que celui qui se tue, parce qu'il ne peut pas supporter un malheur dans ce monde: cette bassesse n'appartient qu'aux infâmes *dénaturés* qu'il avait élevés au faîte de la grandeur, et qui, pour récompense, l'ont trahi; mais aussi quelle fin font-ils, ces misérables? Les voilà maintenant errans et vagabonds, mendiant de royaume en royaume, haïs et méprisés non-seulement de toutes les cours, mais encore de toutes les nations. Les scélérats! ils subisssnt la juste punition qu'ils méritent. Pour toi, Napoléon, en supportant la vie tant à Fontainebleau qu'après la bataille de Mont-St.-Jean, je te trouve mille fois plus grand qu'à Austerlitz, à Iéna , à Friedland. La plus belle victoire est de se vaincre soi-même; tu l'as remportée en survivant à tes malheurs et aux outrages de ceux que tu avais comblés de bienfaits.

Que le lecteur partial ne vienne pas m'objecter que tes triomphes sont flétris, en quelque sorte, par les désastres affreux que nos braves essuyèrent dans la retraite de Moscou. J'avoue que nos frères souffrirent des calamités sans nombre dans les déserts glacés de la Lithuanie ; mais ces revers portent-ils la moindre atteinte à leurs lauriers et aux tiens? aucune. Pour que l'issue malheureuse de cette campagne, commencée si glorieusement, ternît leur gloire et la tienne, il faudrait qu'on pût l'attribuer à ton inhabileté, à la lâcheté française et à la bravoure cosaque ; or, qui m'osera faire ici une telle objection? personne. Car, d'abord pouvais-tu vaincre les élémens, toi? pouvais-tu savoir si le froid, cet hiver-là, irait à 26 degrés? n'avais-tu pas toujours défait en batailles rangées les hordes tumultueuses et indisciplinées des barbares du Nord? n'avais-tu pas bien pris toutes tes mesures, pour que les provisions ne manquassent pas? puisque, selon le rapport de nos ennemis même, tu avais fait des magasins immenses en Autriche, en Prusse, en Pologne, et jusqu'à Wilna. Tu commis cependant une faute, en restant cinquante-quatre jours à Moscou, qui fut pour toi ce que Capoue fut pour Annibal. Je parle ici avec impartialité; tu devais repartir pour Smolensk ou Varsovie, aussitôt après avoir fait enlever les richesses les plus précieuses de cette ancienne capitale, et tout ce qu'il y avait de vivres. Tu ne devais pas écouter les belles conditions de paix que Kutusoff faisait semblant de te proposer. Je condamne aussi le sentiment de ceux qui ont soutenu que tu aurais dû continuer ta marche victorieuse et triomphante jusqu'à St.-Pétersbourg ; tes malheurs n'auraient été que plus grands.

En second lieu, peut-on accuser de lâcheté nos braves dans la retraite de Moscou? ne firent-ils pas toujours face à l'ennemi, toutes les fois qu'il se présenta? les Cosaqnes n'eurent-ils pas plus d'une fois à se repentir de les avoir harcelés? Si quelqu'un osait contredire là-dessus, je le confondrais aussitôt par le témoignage de Zoronoff, célèbre Moscovite, historien véridique et impartial, qui a écrit cette campagne en deux volumes, et par l'aveu de tous les généraux russes qui, dans les narrations de ce savant, sont d'accord sur ce point avec tous les bons Français. *C'en était fait de notre grand empire*, disent-ils, *nous étions perdus sans ressource, si l'intempérie de la saison ne fût venue à notre secours.*

Malgré tant de pertes et de trahisons, en faisant la guerre civile, comme te conseillaient quelques-uns de tes maréchaux, tu pouvais encore, ô Napoléon, exterminer les ennemis de la France; mais ta chère patrie en eût été trop long-temps malheureuse. Tu le savais; c'est pourquoi tu aimas mieux souffrir seul, que de faire souffrir tous les Français. N'aurais-tu fait que cette action dans ta vie? elle te rendrait immortel. César, au bord du Rubicon, hésita : *Si je ne passe point*, dit-il, *je suis perdu; si je passe, je rends ma patrie malheureuse.* Il passa, et Rome fut aussitôt impitoyablement déchirée par les guerres civiles. Tu aurais pu faire comme lui; tu étais aussi redoutable à Fontainebleau qu'il l'était au Rubicon : mais sans hésiter, tu refusas; ton amour pour la France te le défendit. Quelle héroïque et généreuse action! c'est la plus belle que jamais empereur ou roi, depuis que le monde est monde, ait faite envers sa patrie. Tu as vécu en héros, Napoléon, tu es mort en grand homme. Te voilà donc au-dessus des Miltiade, des Epaminondas, des Alexandre, des Annibal, enfin de tous les généraux romains qu'il serait trop long de nommer; car si, parmi les illustres capitaines de l'antiquité, on en pouvait mettre quelqu'un en parallèle avec toi, ce serait sans contredit le célèbre César. Or, est-il à comparer à un Napoléon, César, tout César qu'il était (j'en appelle ici aux savans), est-il à comparer à toi, qui faisais en peu de jours ce qu'il ne pouvait faire qu'en bien des années. Il lui fallut dix ans pour vaincre les Gaules, et encore seulement en partie; et toi, tu as subjugué, en un court espace de temps, l'Italie, l'Autriche, la Prusse; tu as encore mis en déroute les troupes innombrables du colosse du Nord, et, ce que la postérité ne voudra pas croire, tu as conquis un royaume, sans coup férir, dans l'espace de vingt jours.

Voudra-t-elle croire aussi, la postérité, que ta présence à ton armée était suffisante pour maîtriser la victoire, et que ton absence était souvent le signal d'une défaite! voudra-t-elle croire, la postérité, que

la réputation colossale dont tu étais précédé, et le sou-
venir des grands exploits que tu as faits, étaient des
talismans irrésistibles? voudra-t-elle croire, la postérité, que les Russes, les Prussiens, les Anglais, les
Autrichiens, les Espagnols, en un mot, l'Europe entière, armée contre toi, te craignaient tellement, qu'ils
se regardaient comme vaincus, quoique six contre un
Français, lorsqu'ils savaient que tu étais à la tête de
ton armée? Deux exemples là-dessus : Lorsque la dé-
claration de guerre de l'Autriche te força de quitter la
péninsule pour te transporter sur les bords du Rhin, les
Espagnols vaincus sur tous les points, et tranquilles
tant que tu restas en Espagne, reprirent courage à
ton départ, coururent aux armes et se préparèrent à
de nouveaux combats avec une confiance nouvelle. A
Smolensk, le faux bruit s'étant répandu dans l'armée
russe que tu ne commanderais pas en personne tes
phalanges invincibles, les barbares firent éclater leur
joie par des *houra* réitérés, qu'il fallut faire cesser
par un ordre exprès des chefs supérieurs, tellement
ils étaient ennuyeux et de longue durée. Presque as-
surés de la victoire, les Russes se battirent avec un
courage héroïque; mais lorsqu'ils surent que tu arrivais
par la rive gauche, à la tête de ta vieille garde, ils ne
pensèrent plus à défendre cette ville, mais ils dirigè-
rent pêle-mêle leur marche du côté de Nijegorod,
laissant dans Smolensk bagages, chariots, caissons,
canons, et plus de cinquante mille fusils. Voilà la terreur que tu inspirais aux puissances coalisées; ta présence seule à ton armée valait une autre armée.

De plus, la surprise de guerre est sans contredit la manœuvre qui fait le plus grand honneur à un général, quand il sait la conduire de manière qu'elle lui procure un avantage considérable ; or, quel capitaine, tant ancien que moderne, l'a si bien connue que toi ! Combien, dans ta vie, d'exemples surprenans des avantages que cette sorte de ruse te fit remporter sur les puissances coalisées de l'Europe ! N'est-ce pas à ce genre de stratagème que tu dus la délivrance de ta personne et des douze cents braves que tu avais avec toi, lorsqu'en Italie, près d'un ravin, étant cerné par quatre mille six cents Autrichiens, et étant sommé de te rendre, tu fis prisonniers et le général Autrichien, et tout son corps d'armée ? N'est-ce pas à cette même tactique que tu dus le gain des célèbres batailles d'Austerlitz et d'Iéna, où tu fis semblant de battre en retraite pour mieux surprendre tes ennemis ? N'est-ce pas à cette sorte de ruse que tu dus encore le gain des fameuses journées de Champ-Aubert, de Montmirail, de Vauchamp et d'Etoges, où, après avoir complètement battu le maréchal prussien Blucher, tu le laissas pour venir fondre tout-à-coup sur le général russe Alsofieff que tu fis prisonnier avec ses douze bataillons ; puis revenant sur Blucher qui ne s'y attendait pas, et qui ne s'occupait qu'à rallier les débris de ses régimens, tu achevas d'en faire une horrible boucherie ? N'est-ce pas enfin à ce même talent, qu'après avoir coupé l'artillerie, les munitions, les bagages et les magasins des ennemis, tu aurais dû la captivité de toutes les armées coalisées et de leurs souverains, si Paris, le 3o mars 1814, eût soutenu cinq ou six heures de plus? Ce que l'empereur de Russie, l'empereur d'Autriche et le roi de Prusse ont avoué eux-mêmes non-seulement aux Bourbons, mais encore à plusieurs maréchaux de France.

Grand Dieu! faut-il que tes décrets soient si rigoureux? faut-il que tu frappes si cruellement de tels héros? Pourquoi nous imposes-tu des sentimens d'admiration pour la valeur, la bravoure, la grandeur d'âme, et pourquoi enlèves-tu si vîte du milieu de nous de si habiles capitaines? Oui, Napoléon avait été comblé par ta main généreuse d'un génie sublime, d'un jugement surnaturel, et d'une connaissance parfaite dans le métier de la guerre. Je reconnais en lui ta main libérale; mais aussi je dois reconnaître qu'elle a été sage. Quoique tu aies jugé convenable de retirer sitôt de ce monde le héros des héros, celui qui faisait notre bonheur, l'objet maintenant de tous nos regrets; la vie, la mort, je le sais, t'appartiennent; et rappeler à toi les créatures faites pour être admirées, n'est sans doute un malheur que pour ceux qui les perdent; car une âme héroïque et digne de paraître devant toi, ne peut y avoir été appelée que pour jouir de tes nouvelles faveurs. Cesse donc, ô mon âme affligée, de pleurer un si grand homme! ou si ce besoin des cœurs sensibles, si ce tribut dû à ceux qu'on aime, n'est pas encore satisfait, donne quelques épanchemens à ta douleur; mais ensuite élève tes regards et tes pensées vers ce lieu où demeure l'arbitre des hommes, et dis : c'est là, oui, c'est là qu'il faut espérer qu'est retourné le héros que tu pleures, quoiqu'il ait été plusieurs fois damné par ceux qui ne savent pas s'ils sont eux-mêmes dignes de la haine ou de l'amour de Dieu.

ILLI HEROI PRÆCONIUM.

HYMNE LATINE

DE

LA MARSEILLAISE,

EN VERS DORIENS ET ARCHILOQUIENS.

———◆———

AIR *de la Marseillaise.*

Fortes, eia, cives patriæ,
Emicat dies gloriæ.
Contrà nos diræ tyrannidis
Vexillum stetit cruoris.   *(bis.)*
Audite, per colles et montes,
Hos feroces mugientes?
Vestra ruunt in brachia
Occisum filias, connubia (1).
Ad arma, concives, patrentur agmina,
Citò, citò,
Cruor fœdus riget sata arva.

Ista quorsùm turba servorum,
Proditorum, tyrannorum?
Quibus hæc turpia vincula
Jamdudùm tendunt parata?   *(bis.)*
Galli, nobis, ô convicium
Iram nostram excitaturum!

---

(1) *Par synecdoque pour* uxores.

Audeant quidem tentare
Nos eis, sicut olim, servire.
Ad arma, etc.

Colluvies, ut quid, exteræ
Nos regerent domi nostræ!
Eheu! venales hæ cohortes
Nostros funderent milites!   (*bis.*)
Omnipotens! palmis ligatis
Mitteremur, nos, sub jugis;
Fierent tyranni viles
Fati nostri gubernatores.
Ad arma, etc.

Protinùs ad arma curremus,
Cùm nostris erit obitus;
Invenietur horum pulvis;
Exemplum quoque virtutis.   (*bis.*)
Minùs cupidi vitæ nostræ,
Quàm mortis eorum pulchræ,
Nobis erit ulciscendi
Superbia vel eos sequendi.
Ad arma, etc.

Care nobis amor patriæ,
Brachium tege vindictæ!
Libertas, libertas dilecta,
Cum tuis amicis pugna!   (*bis.*)
Victoria nostris vexillis
Ad te veniat expansis,
Tui pereuntes hostes
Gloriam nostram sint intuentes.
Ad arma, etc.

A genoux pour le drapeau.

Trium color*um* adest vexillum,
Quod iterùm tenet brachium,
Strenui Lutetiæ juvenes,
Voce magnâ salutantes.   (*bis.*)
Tyrannos omnes emovet,
Tremet Europa, cùm fulget
In fronte ducum nostrorum
Illud est vexillum Gallorum,
Ad arma, concives, patrentur agmina,
          Citò, citò,
Cruor fœdus riget sat*a* arva.